Felix Freund

AF209241

Mathe mit Spaß

Band 1

Felix Freund

Mathe mit Spaß

Lustige Aufgaben für schlaue Kinder

Übungsheft Mathe Klasse 2 mit Spaßfaktor,

Band 1

Bibliografische Information der Deutschen Nationalbibliothek: Die Deutsche Nationalbibliothek verzeichnet diese Publikation in der Deutschen Nationalbibliografie; detaillierte bibliografische Daten sind im Internet über http://dnb.dnb.de abrufbar.

Verlag: BoD · Books on Demand GmbH, In de Tarpen 42, 22848 Norderstedt

Druck: Libri Plureos GmbH, Friedensallee 273, 22763 Hamburg

ISBN: 978-3-7597-8293-9

Hallo, du Mathe-Superheld!

Ja, genau dich meine ich! Wenn du dieses Buch in den Händen hältst, bist du bereit für ein tolles Mathe-Abenteuer. Aber keine Angst, hier geht es nicht um trockene Rechnerei, sondern um viel Spaß und Rätsel, die dich schlauer machen.

Wusstest du, dass Mathe überall in unserem Alltag ist? Beim Einkaufen, beim Sport, sogar beim Spielen - überall sind Zahlen und Formen, die du finden kannst.

Und genau darum geht es in diesem Buch: Wir gehen zusammen auf eine Reise und finden die Geheimnisse der Mathe!

Aber jetzt fragst du dich: "Wozu soll ich das lernen?" Ganz einfach: Mathe ist wie eine Kiste voller Werkzeuge für dein Leben.

Je mehr du kannst, desto leichter löst du schwere Aufgaben - in der Schule und auch später. Außerdem macht es Spaß, mit Zahlen zu spielen und Rätsel zu lösen. Wetten, dass du nach diesem Buch Mathe richtig gern magst?

In diesem Buch findest du viele lustige Aufgaben, die dir Spaß machen und dich zum Denken bringen. Aber keine Angst: Du kannst jedes Rätsel lösen, und du wirst sehen, wie du mit jedem Teil ein bisschen schlauer wirst.

Schritt für Schritt lernst du die tolle Welt der Mathe kennen und wirst am Ende richtig gut darin!

Also, worauf wartest du noch? Nimm dir einen Stift, und los geht's! Ach ja, noch ein Tipp: Wenn du mal nicht weiter weißt, gib nicht auf.

Jeder braucht mal Hilfe oder eine Pause. Sprich mit deinen Eltern, Lehrern oder Freunden über die Aufgaben – zusammen findet ihr die Lösung bestimmt schneller.

Ich wünsche dir viel Spaß beim Rätseln!

Dein Mathe-Freund Felix

Aufgabe 1: Emmas Obstkorb

In Emmas Obstkorb liegen 10 Äpfel. Sie isst 3 davon und schenkt 2 ihrem Bruder. Wie viele Äpfel hat sie noch im Korb?

Platz für meine Ideen:

Aufgabe 2: Fütterungszeit

Auf Willis Bauernhof leben 6 Hühner, 4 Schweine und 2 Kühe. Jedes Tier frisst jeden Tag eine Schüssel Futter. Wie viele Schüsseln Futter braucht Willi täglich?

Platz für meine Ideen:

Aufgabe 3: Claras Sparschwein

Clara hat schon 15 Euro in ihrem Sparschwein. Zur Belohnung für ihr aufgeräumtes Zimmer bekommt sie von ihren Eltern noch 8 Euro dazu. Wie viel Geld hat sie jetzt gespart?

Platz für meine Ideen:

Aufgabe 4: Bunte Luftballons

Auf Rudis Geburtstagsparty schweben 20 Luftballons unter der Decke. 7 davon sind rot, 5 sind grün und der Rest ist blau. Wie viele blaue Luftballons gibt es?

Platz für meine Ideen:

Aufgabe 5: Lenas Bücherregal

In Lenas Bücherregal stehen 12 Bücher. Sie stellt noch 4 neue Bücher dazu und leiht sich 3 Bücher von ihrer besten Freundin aus. Wie viele Bücher befinden sich nun in ihrem Regal?

Platz für meine Ideen:

Aufgabe 6: Kekse naschen

In Mamas Keksdose waren 25 Kekse. Beim Kaffeeklatsch essen Mama und ihre 3 Freundinnen jeder 4 Kekse. Wie viele Kekse bleiben übrig?

Platz für meine Ideen:

Aufgabe 7: Gemüse ernten

In Rudis Küchengarten wachsen 6 Tomaten, 8 Gurken und 4 Paprikas. Seine Familie isst die Hälfte der Gurken und die Hälfte der Tomaten auf. Wie viele Gemüse hat er noch im Garten?

Platz für meine Ideen:

Aufgabe 8: Schokoriegel futtern

Willi hat einen Karton mit 18 Schokoriegeln. Er isst jeden Tag 2 Riegel. Wie lange reicht Willis Vorrat, wenn er weiterhin jeden Tag 2 Schokoriegel nascht?

Platz für meine Ideen:

Aufgabe 9: Märchen lesen

Clara hat 3 Märchenbücher, und in jedem Buch sind 5 Märchen. Wenn sie jede Woche 2 Märchen liest, wie viele Wochen braucht sie, um alle Märchen zu lesen?

Platz für meine Ideen:

Aufgabe 10: Figuren sortieren

Max stellt seine 24 Spielfiguren in Reihen auf. Er möchte, dass in jeder Reihe gleich viele Figuren stehen. Wie viele Reihen kann er bilden, wenn er alle Figuren verwendet?

Platz für meine Ideen:

Juhu! Du hast es geschafft! 10 Aufgaben sind gelöst. Du bist ein echtes Mathe-Talent! Zur Belohnung gibt's hier ein cooles Bild zum Ausmalen. Schnapp dir deine Lieblingsstifte und los geht's! Danach wartet schon das nächste Mathe-Abenteuer auf dich. Du schaffst das!

Aufgabe 11: Fische im Aquarium

In Annas Aquarium schwimmen 12 Fische. Sie kauft 5 neue Fische dazu und schenkt 3 Fische ihrem Freund. Wie viele Fische schwimmen jetzt in ihrem Aquarium?

Platz für meine Ideen:

Aufgabe 12: Blumen in der Vase

In Mias Vase stehen 15 Blumen. 5 davon sind Rosen, 3 sind Tulpen und der Rest sind Gänseblümchen. Wie viele Gänseblümchen stehen in Mias Vase?

Platz für meine Ideen:

Aufgabe 13: Rudis Geburtstagskuchen

Auf Rudis Geburtstagsparty möchte er seinen Kuchen gerecht aufteilen. Es sind 10 Gäste eingeladen und er möchte, dass jeder 2 Stücke bekommt. In wie viele Stücke muss er den Kuchen schneiden?

Platz für meine Ideen:

Aufgabe 14: Leas Luftballons

Lea hat 20 Luftballons für ihre Geburtstagsparty. Während der Party zerplatzen 4 Luftballons und 6 fliegen davon. Wie viele Luftballons bleiben am Ende der Party noch übrig?

Platz für meine Ideen:

Aufgabe 15: Claras Sticker-Sammlung

Clara hat eine Sticker-Sammlung mit 40 Stickern. Sie verschenkt ein Viertel ihrer Sticker an ihre Freunde und kauft 15 neue Sticker dazu. Wie viele Sticker hat sie jetzt?

Platz für meine Ideen:

Aufgabe 16: Emmas Schleifensammlung

Emma sammelt Schleifen für ihre Haare. Sie hat 18 rote, 12 blaue und 6 grüne Schleifen. Jeden Tag trägt Emma eine Schleife in den Haaren. Wie lange kann sie ihre Schleifen tragen, ohne sich zu wiederholen?

Platz für meine Ideen:

Aufgabe 17: Leons Obstgarten

In Leons Obstgarten wachsen 7 Apfelbäume. Jeder Baum trägt 8 Äpfel. Leon und seine Familie essen die Hälfte der Äpfel auf. Wie viele Äpfel bleiben übrig?

Platz für meine Ideen:

Aufgabe 18: Toms Spielzeugautos

Tom hat 15 Spielzeugautos. Er gibt 3 Autos seinem Bruder und bekommt 5 neue Autos von seiner Oma geschenkt. Wie viele Spielzeugautos hat Tom jetzt?

Platz für meine Ideen:

Aufgabe 19: Toms Stofftiersammlung

Tom hat 15 Stofftiere. Davon sind 5 Bären, 4 Hasen und der Rest sind Affen. Toms Oma schenkt ihm noch 3 neue Bären dazu. Wie viele Bären hat er jetzt insgesamt?

Platz für meine Ideen:

Aufgabe 20: Annas Blumengarten

In Annas Garten wachsen 12 Rosen und 8 Tulpen. Anna pflanzt noch 5 Sonnenblumen dazu. Wie viele Blumen wachsen jetzt insgesamt in Annas Garten?

Platz für meine Ideen:

Wahnsinn! Schon 20 Aufgaben gemeistert! Du bist ja ein richtiger Zahlen-Held. Das muss gefeiert werden! Hier ist ein super Bild zum Ausmalen, nur für dich. Mach es so bunt wie du willst. Vielleicht entdeckst du sogar versteckte Zahlen? Nach dem Malen geht's weiter - du bist auf dem besten Weg zum Mathe-Profi!

2+3+1+7+4=

Aufgabe 21: Claras Taschengeld

Clara bekommt jede Woche 5 Euro Taschengeld. Davon spart sie jede Woche 2 Euro. Nach wie vielen Wochen hat sie 20 Euro gespart?

Platz für meine Ideen:

Aufgabe 22: Mias Keksdose

Mia backt 30 Kekse. Sie isst 6 Kekse und gibt ihrer besten Freundin 10 Kekse. Wie viele Kekse sind noch in Mias Keksdose?

Platz für meine Ideen:

Aufgabe 23: Lenas Schulweg

Auf Lenas Weg zur Schule zählt sie 15 rote, 10 blaue und 5 gelbe Autos. Wie viele Autos sieht sie insgesamt auf ihrem Schulweg?

Platz für meine Ideen:

Aufgabe 24: Bens Murmel-Abenteuer

Ben hat 20 Murmeln in seiner Sammlung. Als er im Park spielt, verschenkt er 5 Murmeln an seinen besten Freund Tom. Später findet Ben 8 schöne Murmeln auf dem Spielplatz. Wie viele Murmeln hat Ben am Ende des Tages?

Platz für meine Ideen:

Aufgabe 25: Annas Brettspiel

Anna spielt ein Brettspiel mit ihrer Familie. In der ersten Runde gewinnt sie 12 Punkte, in der zweiten 8 Punkte und in der dritten 5 Punkte. Wie viele Punkte hat sie nach den drei Runden insgesamt gesammelt?

Platz für meine Ideen:

Aufgabe 26: Tims Eiswaffel-Turm

Tim baut einen Turm aus 8 Eiswaffeln. Jede Eiswaffel ist 2 cm hoch. Wie hoch ist Tims Eiswaffel-Turm insgesamt?

Platz für meine Ideen:

Aufgabe 27: Leons Tausch-Rausch

Leon hat 12 Fußballsticker. Auf dem Schulhof tauscht er 3 Sticker gegen 2 neue ein. Dann schenkt ihm sein bester Freund 4 Sticker. Zu Hause findet Leon noch 5 Sticker in einer alten Schachtel. Wie viele Fußballsticker hat Leon jetzt?

Platz für meine Ideen:

Aufgabe 28: Emmas Geburtstagseinladungen

Emma möchte Einladungen für ihre Geburtstagsparty verschicken. Sie schreibt 10 Einladungen und gibt bei der Post für jede Einladung eine Briefmarke zu 1 Euro ab. Wie viel bezahlt sie insgesamt für die Briefmarken?

Platz für meine Ideen:

Aufgabe 29: Claras Pausenbrot

Clara schneidet ihr Pausenbrot in 6 gleich große Stücke. In der ersten Pause isst sie die Hälfte der Stücke. Wie viele Stücke bleiben Clara für die zweite Pause?

Platz für meine Ideen:

Aufgabe 30: Pauls Sparschwein

In Pauls Sparschwein befinden sich 12 Ein-Euro-Münzen und 5 Zwei-Euro-Münzen. Wie viel Geld hat er insgesamt gespart?

Platz für meine Ideen:

Wow, du Mathe-Künstler! 30 Aufgaben hast du schon geschafft. Das ist einfach toll! Jetzt wird's Zeit für eine bunte Pause. Schau mal, was ich für dich habe: Ein tolles Ausmalbild! Lass deiner Fantasie freien Lauf und mach es richtig schön. Danach bist du bereit für neue spannende Aufgaben. Du machst das super!

Aufgabe 31: Leons Schokoriegel

Leon hat einen Karton mit 24 Schokoriegeln. Er isst an 4 Tagen jeweils 3 Schokoriegel. Wie viele Schokoriegel bleiben am Ende übrig?

Platz für meine Ideen:

Aufgabe 32: Annas Obstkorb

In Annas Obstkorb liegen 4 Bananen, 6 Äpfel und 8 Birnen. Sie isst 2 Bananen und 2 Äpfel. Wie viele Früchte befinden sich jetzt noch in ihrem Obstkorb?

Platz für meine Ideen:

Aufgabe 33: Tims Blumensträuße

Tim bindet 3 Blumensträuße. In jeden Strauß kommen 4 Rosen und 5 Tulpen. Wie viele Blumen verwendet Tim insgesamt?

Platz für meine Ideen:

Aufgabe 34: Emmas Buntstifte

In Emmas Schultasche sind 10 Buntstifte. Davon sind 3 rot, 2 blau, 2 grün und der Rest gelb. Wie viele gelbe Buntstifte hat Emma?

Platz für meine Ideen:

Aufgabe 35: Pauls Spielzeugautos

Paul hat eine Kiste mit 18 Spielzeugautos. Er teilt sie gleichmäßig zwischen sich und seinen 2 Freunden auf. Wie viele Autos bekommt jeder?

Platz für meine Ideen:

Aufgabe 36: Claras Pizza

Claras Mutter hat eine große Pizza gebacken und in 16 Stücke geschnitten. Clara isst 3 Stücke und ihr Bruder isst 2 Stücke. Wie viele Pizzastücke sind noch übrig?

Platz für meine Ideen:

Aufgabe 37: Leons Stofftiere

Leon hat 16 Stofftiere. 4 davon sind Bären. Die anderen Stofftiere sind Hasen und Affen. Es gibt gleich viele Hasen wie Affen. Wie viele Hasen und wie viele Affen hat Leon?

Platz für meine Ideen:

Aufgabe 38: Annas Treppensteigen

Anna steigt eine Treppe mit 15 Stufen hinauf. Nach jeder dritten Stufe macht sie eine kurze Pause. Wie oft wird sie auf dem Weg nach oben pausieren?

Platz für meine Ideen:

Aufgabe 39: Tims Bücherregal

In Tims Bücherregal stehen 24 Bücher. Zwei Drittel der Bücher sind Abenteuergeschichten, der Rest sind Sachbücher. Wie viele Sachbücher besitzt Tim?

Platz für meine Ideen:

Aufgabe 40: Emmas Taschengeld

Emma bekommt 20 Euro Taschengeld und möchte sich davon ein Buch für 12 Euro und einen Spielzeug-Bausatz für 7 Euro kaufen. Wie viel Geld bleibt ihr nach ihrem Einkauf übrig?

Platz für meine Ideen:

Unglaublich! Du hast 40 Aufgaben gelöst. Du bist echt gut in Mathe! Dafür hast du dir eine besondere Belohnung verdient. Hier kommt ein super witziges Bild zum Ausmalen. Mach es so farbenfroh wie einen Regenbogen! Danach geht's weiter mit neuen tollen Aufgaben. Du bist einfach klasse!

Aufgabe 41: Pauls Turm aus Bauklötzen

Paul baut einen Turm aus 10 Bauklötzen. Jeder Bauklotz ist 5 cm hoch. Wie hoch ist Pauls Turm insgesamt?

Platz für meine Ideen:

Aufgabe 42: Claras Tomatenernte

Clara erntet in ihrem Garten 24 Tomaten. Sie möchte die Tomaten gleichmäßig auf 4 Körbe verteilen. Wie viele Tomaten kommen in jeden Korb?

Platz für meine Ideen:

Aufgabe 43: Leons Wochenplan

Leon hat einen Wochenplan mit 7 Tagen. An 3 Tagen hat er Fußballtraining und an 2 Tagen geht er zum Schwimmen. An wie vielen Tagen hat er weder Fußball noch Schwimmen?

Platz für meine Ideen:

Aufgabe 44: Pauls Spielzeugkiste

In Pauls Spielzeugkiste befinden sich 12 Autos, 8 Bälle und 6 Actionfiguren. Paul nimmt 6 Autos mit in den Sandkasten. Wie viele Spielsachen bleiben in der Kiste?

Platz für meine Ideen:

Aufgabe 45: Tims Sticker-Sammlung

Tim hat eine Sticker-Sammlung mit 20 Stickern. Er verschenkt die Hälfte seiner Sticker an seine Freunde und kauft 15 neue Sticker dazu. Wie viele Sticker hat er jetzt?

Platz für meine Ideen:

Aufgabe 46: Emmas Haarschleifen

Emma hat 18 Haarschleifen. Sie verschenkt 5 Schleifen an ihre Schwester und kauft dann 9 neue Schleifen. Wie viele Haarschleifen hat Emma jetzt?

Platz für meine Ideen:

Aufgabe 47: Pauls Brettspiel

Paul spielt ein Brettspiel mit seiner Familie. In der ersten Runde gewinnt er 15 Punkte, in der zweiten 10 Punkte und in der dritten 6 Punkte. Wie viele Punkte hat er nach den drei Runden insgesamt gesammelt?

Platz für meine Ideen:

Aufgabe 48: Claras Murmelbahn

Clara baut eine Murmelbahn mit 36 Bausteinen. Sie möchte die Bausteine in 6 gleich lange Abschnitte aufteilen. Wie viele Bausteine kommen in jeden Abschnitt?

Platz für meine Ideen:

Aufgabe 49: Leons Treppensteigen

Leon steigt eine Treppe mit 20 Stufen hinauf. Nach jeder vierten Stufe macht er eine kurze Pause. Wie oft wird er auf dem Weg nach oben pausieren?

Platz für meine Ideen:

Aufgabe 50: Annas Blumenbeet

Anna pflanzt in ihrem Garten ein Blumenbeet mit 40 Blumen. Sie pflanzt 15 Rosen, 10 Tulpen und der Rest sind Sonnenblumen. Wie viele Sonnenblumen hat Anna gepflanzt?

Platz für meine Ideen:

Wow, du hast die ersten 50 Aufgaben geschafft! Das hast du super gemacht. Jetzt hast du dir eine kleine Pause verdient. Und was passt da besser als eine spannende Geschichte?

Weißt du was? Jetzt kannst du zu deinen Eltern gehen und sie bitten, dir diese tolle Geschichte vorzulesen. Das wäre doch klasse, oder? So kannst du es dir gemütlich machen, deinen Eltern zuhören und zusammen mit den Mathe-Detektiven viele Abenteuer erleben.

Deine Eltern werden bestimmt stolz auf dich sein, weil du schon so viele Aufgaben gelöst hast. Und sie lesen dir sicher gerne diese Geschichte vor, in der Emma, Paul, Clara und Leon die verschwundenen Zahlen suchen. Das wird richtig spannend!

Also, worauf wartest du noch? Schnapp dir das Buch, geh schnell zu deinen Eltern und frag sie, ob sie Zeit haben, dir die Geschichte vorzulesen. Macht es euch gemütlich und taucht ein in dieses aufregende Abenteuer. Viel Spaß dabei!

Die Mathe-Detektive und das Geheimnis der verschwundenen Zahlen

Es war ein sonniger Morgen in der kleinen Stadt Zahlenheim, als sich die vier Mathe-Detektive Emma, Paul, Clara und Leon in ihrem Geheimversteck trafen. Sie waren die cleversten Kinder der Stadt und hatten schon so manches knifflige Rätsel gelöst. Doch heute wartete eine besondere Herausforderung auf sie.

"Habt ihr schon gehört?", fragte Emma aufgeregt. "In der ganzen Stadt verschwinden die Zahlen! Die Leute können nicht mehr rechnen und alles gerät durcheinander!"

Die anderen nickten besorgt. "Das klingt nach einem Fall für uns", sagte Paul entschlossen. "Wir müssen herausfinden, was dahinter steckt!"

Ausgestattet mit ihren Taschenrechnern und Notizblöcken machten sich die vier Freunde auf den Weg. Ihre erste Station war der Supermarkt. Dort trafen sie Herrn Müller, den Besitzer, der verzweifelt versuchte, die Preise für seine Waren auszurechnen.

"Die Zahlen auf den Preisschildern sind einfach verschwunden!", klagte er. "Wie soll ich da noch meinen Laden führen?"

Emma und ihre Freunde versprachen, ihm zu helfen. Sie untersuchten die Preisschilder genau und entdeckten schnell eine Gemeinsamkeit: Auf jedem fehlenden Schild war ein kleiner, roter Klebepunkt zu sehen.

"Das ist seltsam", murmelte Clara. "Lasst uns weiterforschen!"

Die nächste Station war die Schule. Auch hier herrschte großes Durcheinander, denn ohne Zahlen konnte der Matheunterricht nicht stattfinden. Die Mathe-Detektive befragten ihre Mitschüler und stießen dabei auf einen wichtigen Hinweis: Einige Kinder hatten in der Nähe des Schulhofs eine mysteriöse Gestalt beobachtet, die etwas an die Wand gesprüht hatte.

Neugierig eilten die vier Freunde zum Schulhof und fanden dort eine kryptische Botschaft: "Wenn ihr eure Zahlen wiedersehen wollt, löst das Rätsel, das euch einholt!"

"Ein Rätsel!", rief Leon begeistert. "Das ist genau unser Ding!"

Aber wo sollten sie mit der Suche beginnen? Da fiel Emmas Blick auf eine Reihe roter Pfeile, die von der Botschaft wegführten. Ohne zu zögern folgten die Mathe-Detektive der Spur.

Die Pfeile führten sie quer durch die Stadt, vorbei an Geschäften, Büros und Wohnhäusern. Überall fehlten die Zahlen und die Menschen waren ratlos. Schließlich endete die Spur vor einer alten, verlassenen Fabrik am Stadtrand.

"Hier muss es sein", flüsterte Paul. "Seid ihr bereit?"

Mit pochendem Herzen betraten die vier Freunde die Fabrik. Drinnen war es düster und staubig, doch in der Mitte des Raumes stand ein seltsames Gerät, das leise summte und blinkte. Und daneben - ein Mann im schwarzen Anzug mit einer roten Maske!

"Willkommen, Mathe-Detektive!", sagte der Maskierte mit dunkler Stimme. "Ich bin der Zahlendieb und ich habe alle Zahlen der Stadt in dieser Maschine gefangen. Wenn ihr sie zurückhaben wollt, müsst ihr mein Rätsel lösen!"

Er deutete auf eine große Tafel an der Wand, auf der eine komplizierte Gleichung stand. Emma, Paul, Clara und Leon starrten auf die Zahlen und Symbole. Konnte das die Lösung sein?

"Wir schaffen das!", sagte Clara zuversichtlich. "Wir müssen nur logisch denken und zusammenarbeiten!"

Und so machten sich die Mathe-Detektive an die Arbeit. Sie diskutierten, rechneten und grübelten, bis ihnen der Kopf rauchte. Stück für Stück näherten sie sich der Lösung.

Der Zahlendieb wurde immer unruhiger. "Das ist unmöglich!", rief er. "Niemand kann dieses Rätsel knacken!"

Doch er hatte die Cleverness und den Teamgeist der vier Freunde unterschätzt. Mit einem triumphierenden Lächeln trat Emma vor und verkündete das Ergebnis der Gleichung.

In diesem Moment begann die Maschine zu rumpeln und zu scheppern. Funken sprühten und plötzlich schossen unzählige Zahlen daraus hervor, die in einem bunten Wirbel durch die Luft tanzten. Der Zahlendieb schrie auf und versuchte, sie einzufangen, aber es war zu spät.

Die Zahlen strömten zurück in die Stadt, zurück auf Preisschilder, Stundenpläne und Taschenrechner. Überall brach Jubel aus, als die Menschen merkten, dass sie wieder rechnen konnten.

Und die Mathe-Detektive? Sie standen Arm in Arm vor der Fabrik und lachten. Sie hatten nicht nur ein kniffliges Rätsel gelöst, sondern auch bewiesen, dass Mathematik alles andere als langweilig war. Mathe war ein Abenteuer - und sie waren die Helden!

Von diesem Tag an waren Emma, Paul, Clara und Leon die gefeierten Mathe-Detektive von Zahlenheim. Und wann immer irgendwo ein mathematisches Problem auftauchte, waren sie zur Stelle - bereit für ein neues Abenteuer!

Und der Zahlendieb? Der wurde nie wieder gesehen. Manche sagen, er hat seine Lektion gelernt und ist nun selbst ein begeisterter Mathe-Fan geworden. Aber das ist eine andere Geschichte...

Puh, das war aufregend! Hast du mitgefiebert, als die Mathe-Detektive das Rätsel gelöst haben? Siehst du, Mathematik kann richtig spannend sein!

Bist du bereit für die nächsten Aufgaben? Dann schnapp dir deinen Stift und lass uns weitermachen. Die Mathe-Detektive zählen auf dich!

Aufgabe 51: Tims Taschengeld

Tim bekommt jede Woche 6 Euro Taschengeld. Davon spart er jede Woche 3 Euro. Nach wie vielen Wochen hat er 30 Euro gespart?

Platz für meine Ideen:

Aufgabe 52: Klaras Bauernhof

Auf Klaras Bauernhof leben 20 Tiere. Davon sind 6 Hühner, 4 Schweine und der Rest sind Kühe. Klaras Nachbar schenkt ihr noch 2 Schweine. Wie viele Tiere hat Klara jetzt insgesamt auf ihrem Bauernhof?

Platz für meine Ideen:

Aufgabe 53: Pauls Geburtstagseinladungen

Paul möchte Einladungen für seine Geburtstagsparty verschicken. Er schreibt 15 Einladungen und gibt bei der Post für jede Einladung eine Briefmarke zu 1 Euro ab. Wie viel bezahlt er insgesamt für die Briefmarken?

Platz für meine Ideen:

Aufgabe 54: Claras Pausenbrot

Clara schneidet ihr Pausenbrot in 8 gleich große Stücke. In der ersten Pause isst sie ein Viertel der Stücke. Wie viele Stücke bleiben Clara für die zweite Pause?

Platz für meine Ideen:

Aufgabe 55: Leons Sparschwein

In Leons Sparschwein befinden sich 15 Ein-Euro-Münzen und 12 Zwei-Euro-Münzen. Wie viel Geld hat er insgesamt gespart?

Platz für meine Ideen:

Aufgabe 56: Annas Schokoriegel

Anna hat einen Karton mit 30 Schokoriegeln. Sie isst an 5 Tagen jeweils 4 Schokoriegel. Wie viele Schokoriegel bleiben am Ende übrig?

Platz für meine Ideen:

Aufgabe 57: Tims Obstkorb

In Tims Obstkorb liegen 24 Früchte. Davon sind 8 Bananen, 6 Äpfel und der Rest sind Birnen. Tim isst 3 Bananen und 2 Birnen. Wie viele Früchte befinden sich jetzt noch in Tims Obstkorb?

Platz für meine Ideen:

Aufgabe 58: Emmas Blumensträuße

Emma bindet 4 Blumensträuße. In jeden Strauß kommen 3 Rosen, 5 Tulpen und 2 Gänseblümchen. Wie viele Blumen verwendet Emma insgesamt?

Platz für meine Ideen:

Aufgabe 59: Pauls Buntstifte

In Pauls Schultasche sind 12 Buntstifte. Davon sind 4 rot, 3 blau, 2 grün und der Rest gelb. Wie viele gelbe Buntstifte hat Paul?

Platz für meine Ideen:

Aufgabe 60: Claras Spielzeugautos

Clara hat eine Kiste mit 24 Spielzeugautos. Sie teilt sie gleichmäßig zwischen sich und ihren 3 Freunden auf. Wie viele Autos bekommt jeder?

Platz für meine Ideen:

Wow! Schon 60 Aufgaben gelöst. Du bist ja richtig gut! Zeit für eine bunte Pause. Hier ist ein tolles Bild zum Ausmalen. Hol deine Buntstifte und leg los! Lass deiner Fantasie freien Lauf. Nach dem Malen warten neue tolle Aufgaben auf dich. Du schaffst das!

Aufgabe 61: Leons Aquarium

In Leons Aquarium schwimmen 18 Fische. Er kauft 6 neue Fische dazu und verschenkt 3 Fische an seine Cousine. Wie viele Fische schwimmen jetzt in Leons Aquarium?

Platz für meine Ideen:

Aufgabe 62: Annas Lieblingseis

Anna hat 30 Eiskugeln. Davon sind 5 Schokoladeneis, 6 Erdbeereis und der Rest ist Vanilleeis. Anna gibt 2 Kugeln Schokoladeneis und 3 Kugeln Erdbeereis an ihre Freundin ab. Wie viele Kugeln Eis hat Anna jetzt noch?

Platz für meine Ideen:

Aufgabe 63: Tims Geburtstagsparty

Auf Tims Geburtstagsparty kommen 8 Kinder. Jedes Kind bekommt 2 Stücke Kuchen. In wie viele Stücke muss Tims Mutter den Kuchen schneiden?

Platz für meine Ideen:

Aufgabe 64: Emmas Spielzeugkiste

In Emmas Spielzeugkiste befinden sich 10 Puppen, 8 Stofftiere und 6 Bälle. Emma nimmt die Hälfte der Puppen mit in den Urlaub. Wie viele Spielsachen bleiben in der Kiste?

Platz für meine Ideen:

Aufgabe 65: Pauls Murmel-Fieber

Paul hat 20 Murmeln. Beim Spielen verliert er 6 Murmeln, gewinnt aber 4 neue dazu. Dann schenkt ihm seine Oma 8 Murmeln. Am nächsten Tag findet Paul noch 3 Murmeln in seiner Hosentasche. Wie viele Murmeln hat Paul nun insgesamt?

Platz für meine Ideen:

Aufgabe 66: Claras Büchertausch

Clara hat 40 Bücher. Sie gibt 10 Bücher an ihre beste Freundin und 8 Bücher an ihren Bruder. Claras Mutter schenkt ihr noch 5 neue Bücher. Wie viele Bücher hat Clara jetzt?

Platz für meine Ideen:

Aufgabe 67: Leons Ersparnisse

Leon spart jeden Monat 8 Euro von seinem Taschengeld. Nach 7 Monaten kauft er sich ein Spielzeug für 35 Euro. Wie viel Geld bleibt ihm übrig?

Platz für meine Ideen:

Aufgabe 68: Annas Stofftier-Sammlung

Anna hat 42 Stofftiere. Davon sind 12 Bären, 7 Hasen und der Rest sind Katzen. Anna verschenkt 4 Bären und 2 Hasen. Wie viele Bären hat sie jetzt noch?

Platz für meine Ideen:

Aufgabe 69: Tims Fahrradtour

Tim fährt mit seinem Fahrrad in 4 Stunden insgesamt 36 Kilometer. Nach 2 Stunden legt er eine Pause ein. Wie viele Kilometer ist er bis zur Pause gefahren?

Platz für meine Ideen:

Aufgabe 70: Emmas Garten

In Emmas Garten wachsen 32 Blumen. Sie möchte sie gleichmäßig auf 4 Beete verteilen. Wie viele Blumen kommen auf jedes Beet?

Platz für meine Ideen:

Super gemacht! 70 Aufgaben hast du schon gemeistert. Du bist ein echter Mathe-Held! Jetzt darfst du malen. Schau mal, was ich für dich habe: Ein cooles Ausmalbild! Mach es schön bunt. Danach bist du fit für neue Mathe-Abenteuer. Du bist einfach klasse!

Aufgabe 71: Pauls Fußballturnier

Paul nimmt an einem Fußballturnier teil. Sein Team spielt insgesamt 7 Spiele. In jedem Spiel schießt Paul 2 Tore. Sein Teamkollege Tom schießt in jedem Spiel 1 Tor mehr als Paul. Wie viele Tore haben Paul und Tom am Ende des Turniers zusammen erzielt?

Platz für meine Ideen:

Aufgabe 72: Claras Geburtstagskuchen

Zu Claras Geburtstag kommen 12 Gäste. Ihre Mutter backt einen großen Kuchen und schneidet ihn in 16 Stücke. Wie viele Stücke bleiben übrig, wenn jeder Gast ein Stück isst?

Platz für meine Ideen:

Aufgabe 73: Leons Postkartensammlung

Leon sammelt Postkarten aus verschiedenen Ländern. Er hat 8 Postkarten aus Deutschland, 6 aus Frankreich und 4 aus Italien. Wie viele Postkarten hat Leon insgesamt?

Platz für meine Ideen:

Aufgabe 74: Leons Spielzeugautos

Leon hat eine Schachtel mit 28 Spielzeugautos. Er verteilt sie gleichmäßig an seine 4 Freunde. Wie viele Autos bekommt jeder Freund?

Platz für meine Ideen:

Aufgabe 75: Tims Fußball-Mannschaft

In Tims Fußball-Mannschaft sind 11 Kinder. 3 Kinder sind krank und können nicht mitspielen. Wie viele Kinder sind einsatzbereit?

Platz für meine Ideen:

Aufgabe 76: Emmas Schulfest

Für das Schulfest backen Emmas Eltern 40 Muffins. Emma und ihre Schwester essen vor dem Fest 6 Muffins. Wie viele Muffins bleiben für das Schulfest übrig?

Platz für meine Ideen:

Aufgabe 77: Pauls Spielfiguren

Paul hat 30 Spielfiguren. Er verteilt sie gleichmäßig auf 5 Spielfelder. Wie viele Figuren sind auf jedem Spielfeld?

Platz für meine Ideen:

Aufgabe 78: Claras Klassenausflug

Claras Klasse macht einen Ausflug in den Zoo. Die Eintrittskarten kosten für Kinder 5 Euro und für Erwachsene 8 Euro. Wie viel kosten 4 Kindertickets und 2 Erwachsenentickets zusammen?

Platz für meine Ideen:

Aufgabe 79: Leons Bücherregal

In Leons Bücherregal stehen 28 Bücher. 7 Bücher sind Sachbücher, der Rest sind Romane. Wie viele Romane hat Leon?

Platz für meine Ideen:

Aufgabe 80: Annas Geburtstagsgeschenke

Zu ihrem Geburtstag hat Anna von ihrer Oma 12 Euro bekommen. Von ihrem Opa hat sie 5 Euro mehr bekommen als von ihrer Oma. Ihre Eltern haben ihr 3 Euro weniger geschenkt als Oma und Opa zusammen. Wie viel Geld hat Anna insgesamt zum Geburtstag bekommen?

Platz für meine Ideen:

Toll! Du hast 80 Aufgaben gelöst. Das ist echt stark! Dein Kopf hat viel gearbeitet. Hier kommt deine Belohnung: Ein witziges Bild zum Ausmalen. Lass es richtig bunt werden! Danach geht's weiter mit neuen spannenden Zahlen-Rätseln. Du machst das super!

Aufgabe 81: Leons Briefmarkensammlung

Leon hat 42 Briefmarken in seiner Sammlung. Er schenkt 7 Briefmarken seinem Freund. Wie viele Briefmarken hat Leon jetzt noch?

Platz für meine Ideen:

Aufgabe 82: Emmas Tanzgruppe

In Emmas Tanzgruppe sind 16 Mädchen. Sie stellen sich für eine Aufführung in 4 Reihen auf, mit gleich vielen Mädchen in jeder Reihe. Wie viele Mädchen stehen in jeder Reihe?

Platz für meine Ideen:

Aufgabe 83: Pauls Taschengeld

Paul bekommt jede Woche 5 Euro Taschengeld. Er spart 3 Wochen lang sein Geld. Wie viel Geld hat Paul nach 3 Wochen gespart?

Platz für meine Ideen:

Aufgabe 84: Claras Büchersammlung

Clara hat 18 Bücher. Die Hälfte der Bücher sind Märchenbücher und der Rest sind Sachbücher. Wie viele Sachbücher hat Clara?

Platz für meine Ideen:

Aufgabe 85: Leons Spielzeugautos

Leon hat 27 Spielzeugautos. Er verteilt sie gleichmäßig auf 9 Parkplätze. Wie viele Autos stehen auf jedem Parkplatz?

Platz für meine Ideen:

Aufgabe 86: Annas Lieblingsfarben

Anna hat 48 Buntstifte. Davon sind 8 rot, 12 blau und der Rest ist grün. Anna verleiht 3 rote und 4 blaue Stifte an ihre Freundin. Wie viele Buntstifte hat Anna jetzt noch?

Platz für meine Ideen:

Aufgabe 87: Tims Zimmergestaltung

Tim möchte eine Wand in seinem Zimmer mit Postern dekorieren. Er hat 8 Poster und möchte sie in 2 Reihen aufhängen, mit gleich vielen Postern in jeder Reihe. Wie viele Poster sind in jeder Reihe?

Platz für meine Ideen:

Aufgabe 88: Emmas Geburtstagseinladungen

Emma möchte Einladungen für ihre Geburtstagsparty verschicken. Sie schreibt 7 Einladungen und gibt bei der Post für jede Einladung eine Briefmarke zu 1 Euro ab. Wie viel bezahlt sie insgesamt für die Briefmarken?

Platz für meine Ideen:

Aufgabe 89: Pauls Karten

Paul hat 15 Pokémon-Karten. Er gibt 3 Karten seinem Bruder und tauscht 2 Karten gegen 4 neue ein. Dann kauft Paul noch ein Paket mit 7 Karten. Wie viele Pokémon-Karten besitzt Paul am Ende?

Platz für meine Ideen:

Aufgabe 90: Claras Schmuckherstellung

Clara möchte Armbänder basteln. Sie hat 48 Perlen und möchte für jedes Armband 8 Perlen verwenden. Wie viele Armbänder kann Clara basteln?

Platz für meine Ideen:

Wahnsinn! Schon 90 Aufgaben geschafft. Du bist ja ein richtiger Mathe-Künstler! Zeit für etwas Buntes. Hier ist ein tolles Bild nur für dich. Mal es aus und hab Spaß dabei. Danach warten noch mehr tolle Mathe-Abenteuer auf dich. Du bist auf einem super Weg!

Aufgabe 91: Leons Treppensteigen

Leon steigt eine Treppe hinauf, die 18 Stufen hat. Nach jeder dritten Stufe macht er eine kurze Pause. Wie viele Pausen macht Leon, bis er oben angekommen ist?

Platz für meine Ideen:

Aufgabe 92: Annas Blumensträuße

Anna möchte Blumensträuße binden. Sie hat 25 Blumen und möchte für jeden Strauß 5 Blumen verwenden. Wie viele Sträuße kann Anna binden?

Platz für meine Ideen:

Aufgabe 93: Tims Kuchenverteilung

Tim hat einen Kuchen gebacken und möchte ihn mit seinen Freunden teilen. Er schneidet den Kuchen in 12 gleich große Stücke. Wenn jeder seiner 5 Freunde 2 Stücke bekommt, wie viele Stücke bleiben für Tim übrig?

Platz für meine Ideen:

Aufgabe 94: Mias Schuhsammlung

Mia hat 12 Paar Schuhe. 4 Paar sind Sportschuhe, der Rest sind Sandalen. Wie viele Paar Sandalen hat Mia?

Platz für meine Ideen:

Aufgabe 95: Pauls Spielzeugkiste

In Pauls Spielzeugkiste befinden sich 18 Bauklötze, 12 Autos und einige Puzzleteile. Insgesamt sind es 45 Spielsachen. Wie viele Puzzleteile sind in der Kiste?

Platz für meine Ideen:

Aufgabe 96: Claras Bücherregal

In Claras Bücherregal stehen 56 Bücher. Davon sind 7 Kochbücher und der Rest sind Romane. Clara stellt noch 6 neue Romane dazu. Wie viele Bücher stehen jetzt insgesamt in Claras Bücherregal?

Platz für meine Ideen:

Aufgabe 97: Tims Murmeln

Tim hat 28 Murmeln. Er verliert 7 Murmeln beim Spielen im Park. Wie viele Murmeln hat Tim noch?

Platz für meine Ideen:

Aufgabe 98: Annas Gartenfest

Anna veranstaltet ein Gartenfest. Sie hat 32 Teller und 40 Becher. Während des Festes gehen 4 Teller und 6 Becher kaputt. Wie viele Teller und Becher hat Anna nach dem Fest noch?

Platz für meine Ideen:

Aufgabe 99: Tims Taschengeld

Tim spart sein Taschengeld. In der ersten Woche bekommt er 5 Euro und legt sie in seine Spardose. In der zweiten Woche bekommt er 2 Euro mehr als in der ersten Woche und legt sie ebenfalls in die Spardose. In der dritten Woche bekommt er 1 Euro weniger als in der zweiten Woche. Wie viel Geld hat Tim nach drei Wochen insgesamt gespart?

Platz für meine Ideen:

Aufgabe 100: Emmas Schulfest-Dekoration

Für das Schulfest bastelt Emmas Klasse Girlanden. Sie haben 50 Meter Bastelpapier und schneiden daraus 10 gleich lange Girlanden. Wie lang ist jede Girlande?

Platz für meine Ideen:

Super, du hast noch 50 Aufgaben geschafft! Das ist wirklich toll! Jetzt hast du dir wieder eine spannende Geschichte verdient.

Weißt du was? Mach es dir jetzt richtig gemütlich. Setz dich in deinen Lieblings-Sessel oder kuschel dich in deine Decke. Und dann kann das neue Abenteuer der Mathe-Detektive beginnen!

Bitte deine Eltern, dir die Geschichte vorzulesen. Sie handelt davon, wie Emma, Paul, Clara und Leon einem verwirrten Professor helfen. Der Professor hat nämlich ein großes Problem: Seine Zahlen sind alle durcheinander! Jetzt braucht er unbedingt die Hilfe unserer Mathe-Detektive.

Das wird bestimmt wieder richtig aufregend! Und du kannst ganz in die Geschichte eintauchen, während deine Eltern sie dir vorlesen. So, als wärst du selbst dabei und würdest den Mathe-Detektiven bei ihrem neuen Fall helfen.

Also, bist du bereit für das nächste Abenteuer? Dann schnapp dir schnell das Buch, frag deine Eltern und mach es dir bequem. Die Mathe-Detektive freuen sich schon, dass du wieder mit dabei bist!

Viel Spaß beim Zuhören!

Die Mathe-Detektive und der verwirrte Professor

Es war ein ruhiger Nachmittag im Hauptquartier der Mathe-Detektive, als plötzlich das Telefon klingelte. Am anderen Ende der Leitung war Professor Zahlendreher, der bekannteste Mathematiker der Stadt. Doch er klang alles andere als gelassen.

"Mathe-Detektive, ich brauche eure Hilfe!", rief er aufgeregt. "Meine Forschungsunterlagen sind durcheinandergeraten und ich kann die Zahlen nicht mehr richtig zuordnen. Bitte kommt schnell!"

Sofort machten sich Emma, Paul, Clara und Leon auf den Weg zum Haus des Professors. Als sie dort ankamen, bot sich ihnen ein Bild des Chaos. Überall lagen Zettel mit Zahlen und Rechnungen verstreut, und der Professor lief verzweifelt zwischen ihnen hin und her.

"Keine Sorge, Professor", beruhigte ihn Emma. "Wir werden Ordnung in dieses Durcheinander bringen!"

Die Mathe-Detektive begannen, die Zettel zu sortieren und die Zahlen zu überprüfen. Schnell erkannten sie ein Muster: Auf jedem Zettel war eine Rechenaufgabe notiert, doch das Ergebnis stimmte nie.

"Hier stimmt etwas nicht", murmelte Paul. "Es sieht fast so aus, als hätte jemand die Aufgaben absichtlich durcheinandergebracht."

In diesem Moment hörten sie ein Geräusch aus dem Nebenzimmer.

Leise schlichen sie zur Tür und sahen durch einen Spalt - dort saß Professor Zahlendrehers Assistent, Dr. Formelfux, und kicherte in sich hinein, während er die Aufgaben auf den Zetteln vertauschte!

"Dr. Formelfux!", rief Clara empört. "Warum tun Sie das?"

Ertappt sprang Dr. Formelfux auf. "Ich wollte dem Professor eine Lektion erteilen", gab er kleinlaut zu. "Er hat mich bei der Beförderung übergangen und ich wollte ihm zeigen, dass er ohne mich aufgeschmissen ist."

Professor Zahlendreher war fassungslos. "Aber Dr. Formelfux, ich hatte Ihre Beförderung doch nur verschoben, weil ich Sie noch für ein besonderes Forschungsprojekt vorgesehen hatte", erklärte er.

Dr. Formelfux senkte beschämt den Kopf. "Es tut mir leid, Professor. Ich habe überreagiert."

Gemeinsam brachten die Mathe-Detektive, der Professor und Dr. Formelfux die Unterlagen wieder in Ordnung. Am Ende waren nicht nur die Zahlen an ihrem richtigen Platz, sondern auch das Verhältnis zwischen dem Professor und seinem Assistenten war geklärt.

"Vielen Dank, Mathe-Detektive", sagte Professor Zahlendreher.

"Ohne euch wäre meine Forschung ein einziges Durcheinander geblieben. Ihr habt heute nicht nur mit Zahlen, sondern auch mit zwischenmenschlichen Problemen jongliert - und beides bravourös gemeistert!"

Geschafft, aber glücklich machten sich Emma, Paul, Clara und Leon auf den Heimweg. Wieder einmal hatten sie bewiesen, dass Mathe nicht nur in Formeln und Aufgaben, sondern auch im echten Leben eine wichtige Rolle spielt.

So, das war das aufregende neue Abenteuer der Mathe-Detektive. Hat es dir gefallen? Welche Lektion können wir daraus lernen? Genau, auch wenn Mathe manchmal knifflig sein kann, lohnt es sich dranzubleiben und nicht aufzugeben. Denn mit Geduld und Scharfsinn lässt sich jedes Problem lösen - in der Welt der Zahlen genauso wie im wahren Leben.

Bist du bereit für die nächsten Aufgaben? Die Mathe-Detektive freuen sich schon darauf, gemeinsam mit dir auf Verbrecherjagd zu gehen!

Aufgabe 101: Leons Spielfiguren

Leon hat 45 Spielfiguren. Er möchte sie gleichmäßig in 5 Kisten verteilen. Wie viele Figuren kommen in jede Kiste?

Platz für meine Ideen:

Aufgabe 102: Emmas Büchersammlung

Emma hat 24 Bücher in ihrem Regal. 6 davon sind Märchenbücher, der Rest sind Abenteuergeschichten. Wie viele Abenteuergeschichten hat Emma?

Platz für meine Ideen:

Aufgabe 103: Tims Geburtstagsgeschenk

Tim hat 50 Euro zum Geburtstag bekommen. Er gibt 18 Euro für ein neues Computerspiel aus und 12 Euro für ein Buch. Wie viel Geld bleibt ihm übrig?

Platz für meine Ideen:

Aufgabe 104: Emmas Schulfest-Planung

Für das Schulfest backt Emmas Klasse Kuchen. Sie haben 7 Bleche und auf jedes Blech passen 8 Stücke. Wie viele Kuchenstücke haben sie insgesamt gebacken?

Platz für meine Ideen:

Aufgabe 105: Pauls Fußballmannschaft

In Pauls Fußballmannschaft sind 15 Kinder. Beim Training fehlen heute 4 Kinder. Wie viele Kinder sind beim Training anwesend?

Platz für meine Ideen:

Aufgabe 106: Claras Stofftiersammlung

Clara hat 28 Stofftiere. Ein Viertel davon sind Hunde, der Rest sind Katzen. Wie viele Katzen hat Clara?

Platz für meine Ideen:

Aufgabe 107: Leons Schwimmwettkampf

Bei Leons Schwimmwettkampf sind 36 Kinder angetreten. Es gibt Medaillen für die ersten 6 Plätze. Wie viele Kinder gehen ohne Medaille nach Hause?

Platz für meine Ideen:

Aufgabe 108: Annas Geburtstagsparty

Zu Annas Geburtstagsparty kommen 9 Kinder. Jedes Kind bekommt 3 Luftballons. Wie viele Luftballons werden insgesamt verteilt?

Platz für meine Ideen:

Aufgabe 109: Tims Zeitschriftensammlung

Tim hat 42 Zeitschriften. Er möchte sie gleichmäßig in 7 Ordnern aufbewahren. Wie viele Zeitschriften kommen in jeden Ordner?

Platz für meine Ideen:

Aufgabe 110: Emmas Blumengarten

In Emmas Garten wachsen 64 Blumen. Ein Achtel der Blumen sind Rosen, der Rest sind Tulpen. Wie viele Tulpen wachsen in Emmas Garten?

Platz für meine Ideen:

Wahnsinn! Du hast schon 110 Aufgaben gelöst. Du bist ein echter Mathe-Held! Hier kommt eine bunte Belohnung für dich: Ein tolles Bild zum Ausmalen. Mach es so farbenfroh, wie du magst. Danach geht's weiter mit neuen spannenden Zahlen-Abenteuern. Du bist super!

Aufgabe 111: Pauls Handball-Mannschaft

In Pauls Handball-Mannschaft sind 14 Kinder. Für ein Spiel werden 2 gleichgroße Teams gebildet. Wie viele Kinder sind in jedem Team?

Platz für meine Ideen:

Aufgabe 112: Claras Schokoladenvorrat

Clara hat einen Karton mit 27 Schokoladentafeln. Sie isst jeden Tag 3 Tafeln. Wie lange reicht ihr Vorrat?

Platz für meine Ideen:

Aufgabe 113: Leons Münzsammlung

Leon sammelt Münzen. Er hat 12 Ein-Cent-Münzen, 8 Zwei-Cent-Münzen und 5 Fünf-Cent-Münzen. Wie viele Münzen hat Leon insgesamt?

Platz für meine Ideen:

Aufgabe 114: Annas Klassenausflug

Annas Klasse macht einen Ausflug. Sie mieten 4 Kleinbusse. In jeden Bus passen 8 Kinder. Wie viele Kinder können insgesamt mitfahren?

Platz für meine Ideen:

Aufgabe 115: Tims Bücherregal

In Tims Bücherregal stehen 28 Bücher. 7 davon sind Sachbücher, der Rest sind Romane. Wie viele Romane hat Tim?

Platz für meine Ideen:

Aufgabe 116: Emmas Tanzgruppe

In Emmas Tanzgruppe sind 24 Mädchen. Sie stellen sich für eine Aufführung in 6 Reihen auf, mit gleich vielen Mädchen in jeder Reihe. Wie viele Mädchen stehen in jeder Reihe?

Platz für meine Ideen:

Aufgabe 117: Pauls Taschengeldplanung

Paul möchte sich ein Spielzeug für 40 Euro kaufen. Er spart jeden Monat 5 Euro. Wie viele Monate muss er sparen, um sich das Spielzeug leisten zu können?

Platz für meine Ideen:

Aufgabe 118: Claras Bonbonvorrat

Clara hat eine Schüssel mit 60 Bonbons. Sie teilt die Bonbons gleichmäßig zwischen sich und ihren 5 Freunden auf. Wie viele Bonbons bekommt jeder?

Platz für meine Ideen:

Aufgabe 119: Leons Fahrradtour

Leon fährt mit dem Fahrrad zu seinem Freund. Die Strecke ist 12 Kilometer lang. Nach 8 Kilometern macht er eine Pause. Wie viele Kilometer muss Leon noch fahren?

Platz für meine Ideen:

Aufgabe 120: Annas Bastelvorrat

Anna hat 18 Blatt Tonpapier. Sie möchte daraus Grußkarten basteln. Für jede Karte braucht sie 2 Blatt. Wie viele Karten kann Anna basteln?

Platz für meine Ideen:

Wow, du Zahlen-Freund! 120 Aufgaben hast du schon geschafft. Das ist toll! Jetzt darfst du malen. Schau mal: Ein witziges Bild für dich! Mach es so bunt, wie du willst. Danach warten neue lustige Aufgaben auf dich. Du machst das klasse!

Aufgabe 121: Tims Zimmergestaltung

Tim möchte sein Zimmer neu streichen. Er hat 2 Dosen Wandfarbe gekauft. Mit einer Dose kann man 15 Quadratmeter streichen. Wie viele Quadratmeter kann Tim mit beiden Dosen streichen?

Platz für meine Ideen:

Aufgabe 122: Emmas Geburtstagsparty

Zu Emmas Geburtstagsparty kommen 8 Kinder. Emma hat 64 Luftballons gekauft und möchte sie gleichmäßig unter den Kindern verteilen. Wie viele Luftballons bekommt jedes Kind?

Platz für meine Ideen:

Aufgabe 123: Pauls Spielzeugautos

Paul hat 24 Spielzeugautos. Er möchte sie gleichmäßig auf 4 Regale verteilen. Wie viele Autos kommen auf jedes Regal?

Platz für meine Ideen:

Aufgabe 124: Claras Schmuckherstellung

Clara möchte Halsketten basteln. Sie hat 60 Perlen und möchte für jede Kette 10 Perlen verwenden. Wie viele Ketten kann Clara basteln?

Platz für meine Ideen:

Aufgabe 125: Leons Treppensteigen

Leon steigt eine Treppe hinauf, die 27 Stufen hat. Nach jeder neunten Stufe macht er eine kurze Pause. Wie viele Pausen macht Leon, bis er oben angekommen ist?

Platz für meine Ideen:

Aufgabe 126: Annas Blumensträuße

Anna möchte Blumensträuße für ihre Freundinnen binden. Sie hat 40 Blumen und möchte für jeden Strauß 8 Blumen verwenden. Wie viele Sträuße kann Anna binden?

Platz für meine Ideen:

Aufgabe 127: Tims Kuchenverteilung

Tim hat einen Kuchen gebacken und möchte ihn in der Schule verteilen. Er schneidet den Kuchen in 20 gleich große Stücke. Wenn jedes Kind in seiner Klasse 2 Stücke bekommt, für wie viele Kinder reicht der Kuchen?

Platz für meine Ideen:

Aufgabe 128: Emmas Schuhsammlung

Emma hat 18 Paar Schuhe. 6 Paar davon sind Sandalen, der Rest sind Turnschuhe. Wie viele Paar Turnschuhe hat Emma?

Platz für meine Ideen:

Aufgabe 129: Pauls Spielzeugkiste

In Pauls Spielzeugkiste befinden sich 24 Bauklötze, 18 Autos und einige Bälle. Insgesamt sind es 54 Spielsachen. Wie viele Bälle sind in der Kiste?

Platz für meine Ideen:

Aufgabe 130: Pauls Bücherregal

In Pauls Bücherregal stehen 50 Bücher. 10 der Bücher sind Kochbücher, der Rest sind Romane. Wie viele Romane stehen in Pauls Bücherregal?

Platz für meine Ideen:

Hurra! Du hast 130 Aufgaben gelöst. Du bist spitze! Hier ist ein cooles Bild zum Ausmalen. Hol deine Buntstifte und los geht's! Danach gibt's mehr Mathe-Spaß. Du bist schon fast am Ziel!

Aufgabe 131: Leons Briefmarkenalbum

Leon hat ein Briefmarkenalbum mit 8 Seiten. Auf jeder Seite passen 6 Briefmarken. Wie viele Briefmarken passen insgesamt in das Album?

Platz für meine Ideen:

Aufgabe 132: Annas Geburtstagsgeschenk

Anna hat zum Geburtstag 40 Euro bekommen. Sie gibt 15 Euro für ein neues Buch aus. Wie viel Geld bleibt ihr übrig?

Platz für meine Ideen:

Aufgabe 133: Tims Fußballsammlung

Tim hat 20 Fußbälle. Davon sind 8 rot, 6 blau und der Rest sind gelb. Tim kauft noch 4 neue rote Fußbälle. Wie viele rote Fußbälle hat er jetzt insgesamt?

Platz für meine Ideen:

Aufgabe 134: Emmas Schulfest-Dekoration

Für das Schulfest bastelt Emmas Klasse Girlanden. Sie haben 80 Meter Bastelpapier und schneiden daraus 10 gleich lange Girlanden. Wie lang ist jede Girlande?

Platz für meine Ideen:

Aufgabe 135: Pauls Taschengeld

Paul bekommt jeden Monat 20 Euro Taschengeld. Er spart die Hälfte davon. Wie viel Geld hat er nach 3 Monaten gespart?

Platz für meine Ideen:

Aufgabe 136: Claras Keksvorrat

Clara backt 63 Kekse. Sie möchte sie gleichmäßig auf 7 Teller verteilen. Wie viele Kekse liegen auf jedem Teller?

Platz für meine Ideen:

Aufgabe 137: Leons Schwimmwettkampf

Bei Leons Schwimmwettkampf sind 40 Kinder angetreten. Es gibt Medaillen für die ersten 10 Plätze. Wie viele Kinder gehen ohne Medaille nach Hause?

Platz für meine Ideen:

Aufgabe 138: Leas Stofftiere

Lea hat 15 Stofftiere. 7 davon sind Bären, der Rest sind Hasen und Affen. Es gibt gleich viele Hasen wie Affen. Wie viele Hasen und wie viele Affen hat Lea?

Platz für meine Ideen:

Aufgabe 139: Tinas Haarspangen

Tina hat 18 Haarspangen. Davon sind 6 mit Blumen, 5 mit Sternen und der Rest sind einfarbig. Tinas Tante schenkt ihr noch 3 neue Haarspangen mit Blumen dazu. Wie viele Haarspangen mit Blumen hat sie jetzt insgesamt?

Platz für meine Ideen:

Aufgabe 140: Emmas Tanzgruppe

In Emmas Tanzgruppe sind 30 Mädchen. Sie stellen sich für eine Aufführung in 5 Reihen auf, mit gleich vielen Mädchen in jeder Reihe. Wie viele Mädchen stehen in jeder Reihe?

Platz für meine Ideen:

Toll! Schon 140 Aufgaben geschafft. Du bist echt gut! Das müssen wir feiern. Hier ist ein schönes Bild für dich. Mal es so aus, wie es dir gefällt. Bald hast du alle Aufgaben gelöst - du bist einfach klasse!

Aufgabe 141: Pauls Fußballmannschaft

In Pauls Fußballmannschaft sind 18 Kinder. Für ein Spiel werden 2 gleichgroße Teams gebildet. Wie viele Kinder sind in jedem Team?

Platz für meine Ideen:

Aufgabe 142: Claras Schokoladenvorrat

Clara hat einen Karton mit 14 Schokoladentafeln. Sie isst jeden Tag 2 Tafeln. Wie lange reicht ihr Vorrat?

Platz für meine Ideen:

Aufgabe 143: Leons Sparschwein

Leon hat sein Sparschwein geleert. Er hat 4 Ein-Euro-Münzen, 6 Zwei-Euro-Münzen und 3 Fünf-Euro-Scheine gefunden. Wie viel Geld hat Leon insgesamt gespart?

Platz für meine Ideen:

Aufgabe 144: Annas Klassenausflug

Annas Klasse macht einen Ausflug. Sie mieten 6 Kleinbusse. In jeden Bus passen 9 Kinder. Wie viele Kinder können insgesamt mitfahren?

Platz für meine Ideen:

Aufgabe 145: Tims Spielfiguren

Tim hat 56 Spielfiguren. Er möchte sie gleichmäßig in 7 Kisten verteilen. Wie viele Figuren kommen in jede Kiste?

Platz für meine Ideen:

Aufgabe 146: Emmas Teelichtsammlung

Emma hat 24 Teelichter. Davon sind 9 rot, 7 blau und der Rest sind weiß. Emma kauft noch 5 neue blaue Teelichter. Wie viele blaue Teelichter hat sie jetzt insgesamt?

Platz für meine Ideen:

Aufgabe 147: Pauls Geburtstagsgeschenk

Paul hat 70 Euro zum Geburtstag bekommen. Er gibt 25 Euro für ein neues Computerspiel aus und 15 Euro für ein Buch. Wie viel Geld bleibt ihm übrig?

Platz für meine Ideen:

Aufgabe 148: Claras Schulfest-Planung

Für das Schulfest backt Claras Klasse Kuchen. Sie haben 8 Bleche und auf jedes Blech passen 8 Stücke. Wie viele Kuchenstücke haben sie insgesamt gebacken?

Platz für meine Ideen:

Aufgabe 149: Leons Fußballturnier

An Leons Fußballturnier nehmen 9 Mannschaften teil. Jede Mannschaft hat 9 Spieler. Wie viele Spieler sind insgesamt dabei?

Platz für meine Ideen:

Aufgabe 150: Annas Büchersammlung

Anna hat 30 Bücher. Davon sind 12 Märchenbücher, 8 Abenteuerbücher und der Rest sind Tierbücher. Annas Onkel schenkt ihr noch 6 neue Tierbücher dazu. Wie viele Tierbücher hat sie jetzt insgesamt?

Platz für meine Ideen:

Hurra! Du hast es geschafft! 150 Mathe-Aufgaben - das ist einfach super! Du bist ein echter Zahlen-Held.

Weißt du was? Das müssen wir feiern! Hier ist eine tolle Idee: Zeig deinen Eltern, wie viele Aufgaben du gelöst hast. Sie werden staunen und sich riesig freuen!

Jetzt kommt etwas ganz Besonderes. Bitte deine Eltern, dir den nächsten Teil vorzulesen. Da steht etwas Wichtiges drin - es zeigt dir, was für ein Mathe-Talent du bist.

Also, kuschel dich an Mama oder Papa und hör gut zu. Das ist wie ein Geschenk für all deine tolle Arbeit.

Bist du bereit? Dann los - jetzt kommt das große Finale deines ersten Mathe-Abenteuers!

Wow, was für eine unglaubliche Leistung! Du hast gerade 150 Mathe-Aufgaben gemeistert.

Das ist, als hättest du 150 Schatzkisten geöffnet oder 150 spannende Abenteuer erlebt. Fantastisch!

Du bist jetzt auf dem besten Weg, ein echter Mathe-Held zu werden. Du hast mit Zahlen getanzt, Rätsel geknackt und Probleme gelöst, als wärst du schon ein kleiner Mathe-Zauberer. Weißt du was? Du kannst richtig stolz auf dich sein!

Stell dir vor, Mathe ist wie ein großer Spielplatz. Manchmal kletterst du hoch hinauf, manchmal rutschst du schnell hinunter. Es gibt Tage, da drehst du dich auf dem Karussell der Zahlen, und andere, an denen du dich durch den Tunnel der Aufgaben kämpfst. Aber du hast gezeigt, dass du mutig genug bist, alle diese Herausforderungen anzunehmen. Mit jeder Aufgabe bist du ein Stückchen gewachsen und hast etwas Neues gelernt.

Vielleicht gab es Momente, in denen du nicht sofort weiterwusstest. Aber weißt du was? Das ist völlig okay! Selbst die größten Mathe-Lehrer müssen manchmal lange überlegen. Das Wichtigste ist, dass du es immer wieder probiert hast.

Denk immer daran: Du bist nicht allein auf deiner Zahlen-Reise. Deine Eltern, Freunde und Lehrer feuern dich an und helfen dir, wenn du sie brauchst. Sie freuen sich mit dir über jeden Erfolg!

Du hast gerade den ersten Teil deiner Mathe-Reise geschafft, und schon wartet das nächste Abenteuer auf dich! Aber halt, bevor wir weitergehen, hab ich eine tolle Idee:

Wie wär's, wenn du der Sterneverleiher für dieses Buch wirst? Flüstere deinen Eltern ins Ohr, was du wirklich über das Buch denkst. Wie viele Sterne würdest du ihm geben - von 1 bis 5? Und was hat dir am allermeisten Spaß gemacht? Bitte sie, deine ehrlichen Gedanken online zu teilen. Weißt du was? Deine ehrliche Meinung ist wie ein Schatz, der anderen Kindern hilft, genau so schlau zu werden wie du! Im nächsten Buch gibt es noch mehr aufregende Aufgaben zu entdecken. Bleib neugierig und hab Spaß dabei. Wer weiß, vielleicht findest du ja deine ganz eigene Mathe-Superkraft!

Ich bin superstolz auf dich, und deine Eltern sicher auch! Wir alle können es kaum erwarten zu sehen, welche Zahlen-Wunder du als Nächstes vollbringst. Glaub an dich, lach mit den Zahlen und genieß deine Reise durch die wunderbare Welt der Mathematik!

Dein Mathe-Freund Felix

Ich verrate dir ein Geheimnis: Im nächsten Buch gibt es etwas ganz Besonderes für dich. Bist du bereit für noch mehr Mathe-Zauberei?

Mathe mit Spaß

Coole Zahlenrätsel für clevere Kinder

Übungsheft Mathe Klasse 2 mit Spaßfaktor,

Band 2

114